GRACE CORNEAU

La Femme

aux

Colonies

Ouvrage orné de gravures d'après les photographies de l'auteur.

Prix : 2 francs.

PARIS

LIBRAIRIE NILSSON

PER LAMM, Successeur

7, RUE DE LILLE, 7

—

1900

LA FEMME AUX COLONIES

Une Française dans son pousse-pousse à Hanoï.

GRACE CORNEAU

La Femme

aux

Colonies

*Ouvrage orné de gravures d'après les photographies
de l'auteur.*

Prix : 2 francs.

PARIS

LIBRAIRIE NILSSON

PER LAMM, Successeur

7, RUE DE LILLE, 7

1900

LA FRANÇAISE AU TONKIN

LA FRANÇAISE AU TONKIN

I

L'établissement d'une Française au Tonkin. —
Les ressources du pays. — Ce qu'une femme
peut y faire. — La famille. — Le mariage par
correspondance. — La femme propriétaire de
concessions.

La lutte pour la vie, si dure déjà pour les
hommes sur notre continent, est rendue presque
impossible pour les femmes. Elles sont multi-
tude, les malheureuses qui, pourvues d'un di-
plôme, munies de leur brevet supérieur, professeurs de musique ou de chant, miniaturistes,
couturières, cherchent sur le pavé de Paris le
pauvre petit emploi qui les doit empêcher de
mourir de faim, telle cette misérable institutrice qui fut trouvée à moitié morte l'autre nuit
dans une ménagerie où elle avait eu l'impru-

1.

donce de chercher un refuge, étant sans argent et sans logis.

C'est surtout à ces femmes qu'il faut dire expatriez-vous. Dépensez votre énergie à vous faire une situation digne de vos efforts dans un coin du monde plus hospitalier. Mais où cela! Hors de France? Point tout à fait, mais dans ces pays où vous serez accueillies avec bonheur, dans ces terres lointaines où le drapeau national flotte depuis peu de temps et où la Française qui apporte avec elle un peu du charme de la mère-patrie est sûre de vivre et de bien vivre.

Toutes les colonies ne sont pas également à choisir.

Le climat n'est pas toujours salubre, et les conditions de l'existence y sont parfois trop pénibles.

Le Tonkin, dont on a dit tant de mal et qui sera la plus belle et la plus saine de nos possessions d'Extrême-Orient, doit attirer en première ligne l'attention des femmes françaises.

Pendant six mois, la température y est celle de Nice en hiver, avec de radieuses journées illuminées de soleil : cette saison suffit à reposer des fatigues de la saison chaude qui est, celle-là, assez dure.

Dans les grandes villes, assainies par le dessèchement des mares, à Hanoï, à Haïphong, à Phu-Lang-Tuong, etc., la vie pour une femme est fort agréable : vie plus large, plus confortable, plus tranquille qu'en France ; vie mondaine également, car on reçoit beaucoup.

La femme y est toujours choyée, adulée, à quelque rang qu'elle appartienne ; durant trop longtemps, peu de nos compatriotes se sont risquées à venir en cette lointaine contrée.

Cette adulation même prendra parfois des formes un peu vives, un peu exubérantes dont l'honnête femme aura facilement raison, et pour lesquelles elle sera, en somme, indulgente en songeant quelle joie sa venue a apportée parmi tous ces fonctionnaires, ces colons depuis si longtemps éloignés du foyer conjugal.

Du reste, maintenant les nouveaux arrivés s'installent au Tonkin avec leurs femmes et leurs enfants, et n'ont qu'à se louer d'un pays où ils ont plus d'espace, plus de bien-être ma-

tériel qu'en France où tout est si parcimonieu-
sement mesuré.

Actuellement même nous pouvons affirmer
qu'une *femme arrivant au Tonkin avec un
métier est sûre de réussir.*

La colonie française s'augmente de jour en
jour; des familles nombreuses se sont établies
à demeure dans la contrée, et forment une
excellente clientèle pour les industries féminines.

Les modistes, les couturières, les lingères
qui ont en France des correspondants sérieux
les tenant au courant de la mode et leur en-
voyant leurs nouveautés font fortune.

Des institutrices, en petit nombre, trouve-
raient à vivre en donnant des leçons aux petits
bonshommes nés là-bas ou qui y ont été ame-
nés. Un professeur de piano se tirerait d'affaires fort convenablement.

Les artistes elles-mêmes sont largement
payées par les municipalités et par les théâtres
d'Hanoï et de Haïphong auxquels des subventions de quarante mille francs permettent de
faire bien les choses.

Ces professions sont celles en vue desquelles les femmes qui doivent gagner leur pain quotidien ont été le plus particulièrement élevées.

Mais s'il en est parmi celles-ci quelques-unes qui ont un peu plus d'initiative et qui disposent de capitaux plus importants, quel beau champ le Tonkin n'offre-t-il pas à leur activité?

Point n'est besoin d'être un homme pour diriger une concession, surtout dans un pays où aucun Européen ne travaille manuellement. Il suffit d'avoir de l'intelligence, de la volonté et de l'esprit de suite.

La main d'œuvre tout entière indigène est facile à conduire et peu coûteuse. Pourquoi une femme ne dirigerait-elle pas une de ces entreprises qui, si à la vérité, demandent au début du courage et toujours de la persévérance, récompensent largement, en fin de compte, les efforts dépensés.

Le Protectorat consentira aussi volontiers à accorder à une femme un beau domaine de plusieurs milliers d'hectares qu'à M. X... ou Y..., avocat ou agent d'affaires à Hanoï, que ni ses études anciennes ni sa volonté, ne destinent à devenir agriculteur et qui ne sollicite une concession que dans un but de pure spéculation.

L'Administration, du reste, a tout intérêt à attirer une population féminine intelligente et travailleuse au Tonkin.

Le seul moyen de fonder une colonie d'avenir est d'y établir à demeure fixe des Européens, d'y créer des familles de colons de telle façon que les habitants de la colonie n'y aient pas seulement des intérêts matériels, mais encore des affections.

On s'attache au sol sur lequel les enfants sont nés, où l'on a vécu au milieu des siens heureux, et qui vous a donné, avec des années de bonheur, l'aisance et même la richesse.

La femme seule peut réaliser l'établissement permanent de l'homme au loin de la mère-patrie.

Le colon, le fonctionnaire venu du Tonkin sans les siens, n'aura qu'une pensée : retourner le plus vite possible chez lui. Ce sera donc un mauvais colon, un médiocre fonctionnaire, il travaillera sans goût, comptant les jours qui

Le marché public à Hanoï.

le séparent du moment béni où il retrouvera
sa famille.

Que de changements, s'il n'a pas craint
d'amener sa femme; si celle-ci a eu la bonne
pensée de le suivre. Elle organise tout de suite
un « home » confortable. On n'est pas à l'hôtel,
mais chez soi. Bref, elle devient la collabora-
trice très nécessaire des succès de son mari.

Le général Bichot, qui commandait il y a
quelques jours encore les troupes au Tonkin,
a donné le plus haut et le meilleur exemple à
ce sujet.

Il vit à Hanoï avec sa femme et ses enfants.
Il y a marié déjà deux de ses filles, et il vient
d'y établir son fils.

Celui-ci a obtenu une importante concession
de dix mille hectares où il fait en grand l'élevage de chevaux et de buffles. Le général Bichot,
quand il prendra sa retraite, reviendra sans
doute lui-même au Tonkin, dans ce pays qu'il
a contribué à donner à la France, et où il vivra
désormais en famille. Voici, certes, ce qu'il
n'eût jamais fait, s'il n'avait eu une admirable
compagne ayant habité avec lui l'Indo-Chine et

ayant organisé une maison aussi belle et aussi confortable que n'importe quel intérieur métropolitain.

Une autre femme enfin, devenue veuve et restée sans ressources à Hanoï, n'a-t-elle pas montré ce qu'une Française intelligente et énergique pouvait faire dans les moments de crise. Elle a créé un journal qui est devenu aujourd'hui, sous sa direction, une des feuilles les plus importantes de la colonie.

Les Français célibataires habitant le pays se rendent si bien compte de l'infériorité où ils se trouvent par rapport aux gens mariés, qu'ils cherchent tous à contracter mariage, ce qui n'est guère facile dans une région où il y a peu de jeunes filles européennes. Beaucoup, retenus par leurs affaires, ne peuvent se rendre en France pour choisir une compagne. On se marie ou l'on essaye alors de se marier, par correspondance. Il y aurait même de jolies anecdotes à conter sur ce système de mariage à longue distance à l'aide de photographies plus ou moins exactes et flattées. Mais ce n'est pas là la question.

Nous pouvons dire toutefois qu'il n'est point de jeunes filles venant au Tonkin qui ne trouvent à se marier, ce qui est encore une façon de coloniser comme une autre, et non des plus mauvaises. La faculté de faire des bons mariages avec de braves colons et de ne point rester seules à travailler en ce bas monde n'est pas la pire des perspectives.

Cependant, on ne saurait conseiller aux jeunes Françaises en quête d'une situation de gagner les bords du fleuve Rouge pour trouver un mari; il s'agit ici d'indiquer à celles qui ont assez foi en leur énergie qu'elles peuvent réaliser au Tonkin, avec une existence moins pénible que celle qu'elles mènent à Paris, des chances sérieuses de faire fortune.

Toutefois, comme on ne s'embarque pas pour Haïphong comme on prend le chemin de fer pour Asnières, il faut, avant de s'engager dans cette voie, être exactement et sincèrement renseigné sur les conditions de la vie au Tonkin et les ressources que le pays offre à celles qui y viennent.

C'est un autre genre d'existence, un travail

qui réclame d'autres qualités que celles dont nos
amies sont généralement douées, mais qu'elles
peuvent parfaitement acquérir; enfin, suivant
les ressources dont elles peuvent disposer,
elles peuvent tenter telle ou telle entreprise;
il y a donc là toute une série de renseignements qu'il est indispensable à la future voyageuse de posséder.

Nous avons vécu au Tonkin et nous sommes
revenue avec cette conviction que la femme
pouvait non seulement y vivre heureuse, mais
encore y mener à bien quantité de travaux
rémunérateurs.

C'est pourquoi nous avons pensé qu'il y avait
lieu de faire profiter nos compatriotes de l'expérience que nous avions acquise; aussi indique-
rons-nous en détail comment une Française
peut devenir un excellent colon dans ces mer-
veilleux pays.

II

Ce qu'il faut d'argent pour aller au Tonkin. —
La vie mondaine à Hanoï et à Haïphong. —
La vie matérielle. — Les professions qu'une
femme peut exercer dans le pays. — Une fleuriste. — Les enfants.

Lasse donc de lutter en vain à Paris ou en
province, vous vous êtes décidée à suivre mes
conseils et à partir pour le Tonkin. Mais, dès
le début, une grave question vous arrête; ce
qu'il faut d'argent pour arriver là-bas, ce qu'il
faut de ressources pécunières pour vivre à
Hanoï ou à Haïphong, en attendant la situation
entrevue.

Il est impossible de fixer un maximum, car
suivant l'entreprise tentée il faudra un capital
plus ou moins considérable; mais l'on peut indiquer quelle est la somme minima nécessaire.

Mettons que l'on parte de Paris et comptons: voyage de Paris à Marseille en troisième classe 42 fr. 50; paquebot, de Marseille à Haïphong 665 fr.; faux frais 50 fr., total 717 fr. 50 auxquels il faut adjoindre une somme de mille francs pour frais de première installation, pour servir en cas d'accident, de maladie et aussi pour se rapatrier s'il y avait lieu, bien que le protectorat soit à ce dernier point de vue la générosité même, et qu'il n'y ait pas d'exemple qu'il ait refusé de renvoyer à ses frais en France un colon tombé malade ou dans l'indigence.

Cette somme que nous arrondissons à 2.000 francs ne peut convenir qu'aux femmes qui partent pour exercer là-bas une des professions à proprement parler féminines, dont nous avons déjà donné une énumération, telles que professeurs, couturières, modistes, etc., et qui, pour ces dernières, ont pris la précaution absolument nécessaire de s'assurer avant de partir des correspondants en France qui leur adresseront en dépôt des marchandises.

La vie mondaine très active à Hanoï ou à Haïphong, le luxe de costume qui s'y réalise, les bals très nombreux, les réunions musicales, les courses très intéressantes, toutes occasions pour les élégantes du Tonkin de rivaliser de toilettes, assurent aux ouvrières de la mode un succès certain et d'autant plus lucratif qu'elles travaillent sans concurrence possible de la part des Chinois qui dans d'autres branches d'industrie font une guerre très réussie aux Européens.

Ces sortes d'occupations, où une Européenne connaissant bien son métier et intelligente a la quasi-certitude du succès, permettent à celles qui s'y livrent de vivre dans les grandes villes.

L'existence y est fort agréable. Si l'on se contente des produits du pays pour la table, c'est-à-dire de la viande de bœuf, du poulet, des légumes qui, en hiver, sont les mêmes que les nôtres, l'on vit à fort bon compte. Le vin n'est pas sensiblement plus cher qu'à Paris, mais il est de qualité inférieure et très alcoolisé. Ce qui coûte beaucoup d'argent, ce sont les conserves, les gâteaux qu'un maître pâtissier fait fort bien à Hanoï, mais qu'il faut payer au prix de l'or; tout, en un mot, ce que l'on fait venir de France ou ce qui exige l'intervention ou le travail d'un Européen.

Les maisons sont jolies, bien aménagées, construites maintenant comme on les construit aux environs de Paris, en briques rouges avec des décorations de céramiques et presque toutes entourées de jardins. Elles possèdent souvent des vérandas, des terrasses qui permettent d'avoir un peu d'air durant les grandes chaleur de l'été; malheureusement, les loyers sont chers, plus élevés certainement qu'en province, relativement plus considérables qu'à Paris. Le moindre logement vaut vingt-cinq à trente piastres par mois, c'est-à-dire de 62 fr.50 à 75 francs.

Le personnel domestique, qui est composé de la plus basse et de la plus mauvaise classe de la population, comprend le bep, ou cuisinier qui se paie de 8 à 12 piastres (la piastre vaut aujourd'hui 2 fr.40 à 2 fr.50); le boy, ou valet de chambre, qu'on paie de 6 à 8 piastres, le coolie-pousse-pousse de 5 à 6 piastres. Dans tous les pays d'Extrême-Orient, l'on se sert

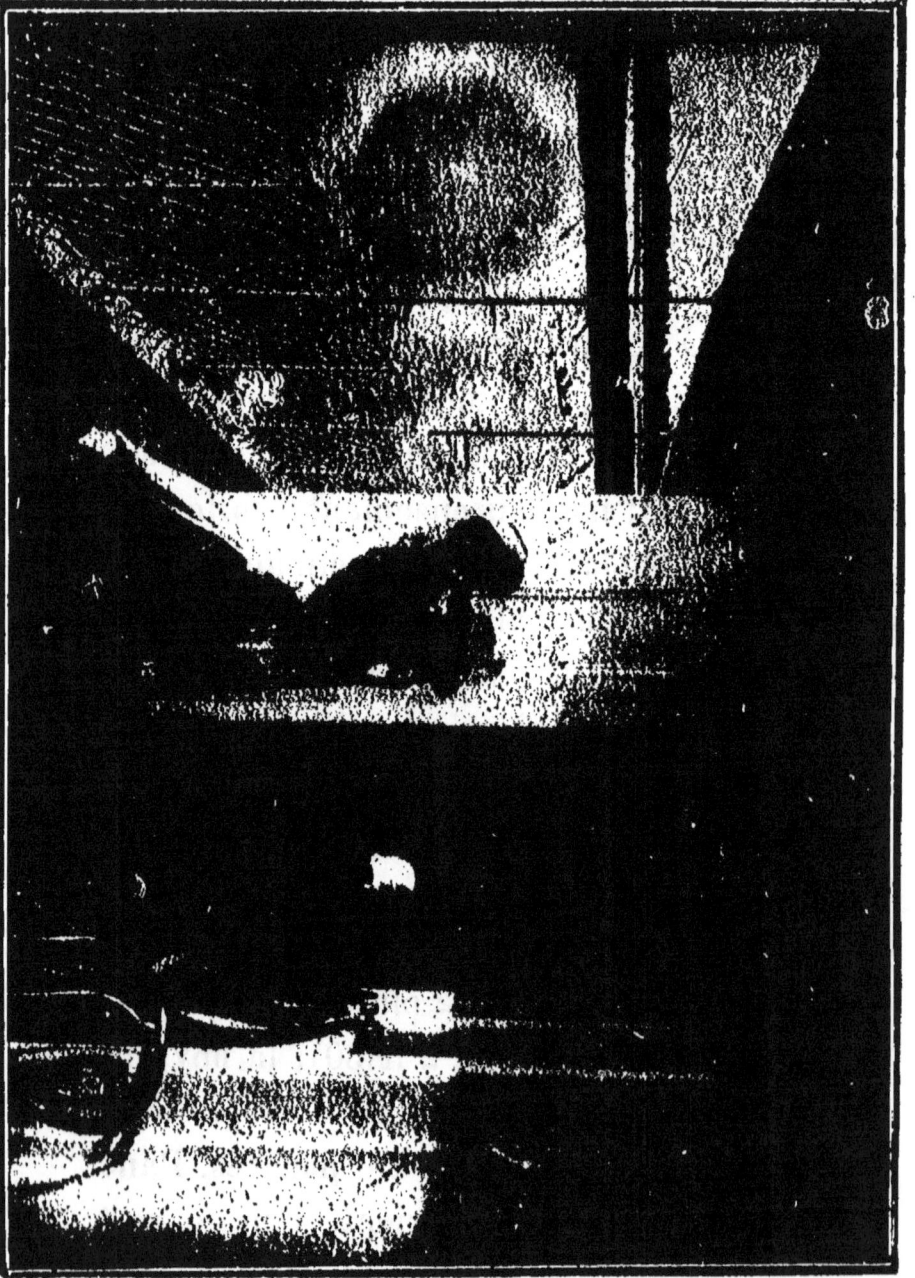

Nourrice Annamite portant un petit Français à bord du « Tigre », bateau des Messageries fluviales sur le Fleuve Rouge.

de ces charmants petits véhicules appelés pousse-pousse.

Ils sont à la fois pittoresques et commodes et les hommes qui les conduisent, non seulement sont d'une résistance incroyable à la fatigue, mais même circulent avec une habileté extraordinaire au milieu des foules les plus denses.

Jadis, tous les indigènes travaillaient à bon compte et avec soumission : aujourd'hui, ils ont contracté des habitudes de vol, des exigences qui rendent les maîtresses de maison très ennuyées.

Il semble extraordinaire de parler de maisons particulières, de domestiques quand on s'adresse à des jeunes femmes ou à des jeunes filles qui ne se rendent au Tonkin que poussées, en quelque sorte, par la nécessité. Mais — et c'est là l'heureux côté de l'exil et ce qui fait qu'on se prend à aimer un pays qui vous donne la vie large — ces pauvres filles qui n'avaient à Paris bien souvent qu'une chambre étroite au 6° étage, dans laquelle elles gelaient l'hiver pour étouffer l'été, auraient à

Hanoï une petite maison à elles, un jardin ; elles verront autrement que par l'étroite tabatière d'une mansarde, le beau ciel du Tonkin et quand la nuit étendra sur la ville son obscurité, elles contempleront la voûte du monde se développant, piquée d'étoiles comme autant de brillantes ouvertures sur l'infini et sur laquelle se détache, superbe, la vaste Croix du Sud !

Cette existence n'est point une folie pécuniaire, c'est une nécessité. La condition même de la vie dans les colonies est de bien vivre : les privations, le manque d'air et d'espace entraîneraient rapidement l'affaiblissement, l'anémie et une suite fatale.

Du reste, les gains que l'on récolte sont supérieurs, bien entendu, aux appointements ou aux prix payés dans la métropole, et en achetant aux Annamites l'on gagne encore sur la baisse de la piastre. Tandis que pour nous, en effet, la piastre ne vaut pas plus de 2 fr.50 et que les paiements sont effectués entre Européens à ce taux, elle a gardé pour les indigènes sa valeur ancienne de 5 francs. Dans ces conditions, la nourriture quotidienne d'un ménage français se fournissant au marché annamite ne doit pas ressortir à plus d'une demi-piastre, soit 1 fr.25.

Parmi toutes les professions, l'une des plus charmantes, l'une de celles qui conviennent le mieux à la fois aux doigts agiles de la femme et à son sentiment de tout ce qui est gracieux et coquet, celle de fleuriste, pourrait être exercée avec succès dans les grandes villes du Tonkin.

Comme nous le disions, tout ce qui est luxe, tout ce qui sort des mains des Européens et qui peut rappeler la mère-patrie avec ses qualités particulières, tout ce qui donne là-bas à l'existence un peu plus de relief et de joie, est acheté à prix d'or. Une Parisienne qui viendrait à Hanoï ou à Haïphong mettre en œuvre les fleurs que l'on commence à y récolter ferait rapidement fortune.

De tout l'Extrême-Orient, le Tonkin, grâce à sa saison froide, produit seul les légumes et les fleurs d'Europe. Ce n'est pas un petit plaisir, après avoir traversé les pays chauds, après Sin-

2.

gapour, Saïgon même, de trouver en arrivant
des roses, du réséda, et surtout des violettes.

O chères et douces violettes, si délicates, si
parfumées, toutes frêles, avec quel bonheur on
vous revoit ! Vous évoquez un monde disparu
pour nous, joli petit bouquet de violettes de
deux sous. Ce n'est point trop cher de vous
payer ici une piastre, car vous ravivez en nous
la foule des souvenirs endormis : voici, grâce
à votre charme, paraître les mille détails de la
vie parisienne ; c'est la pauvresse qui vous
offre en tenant dans ses bras un gros poupon...
qui n'est... peut-être pas à elle ; ce sont les petites voitures chargées de fleurs roulant couci
couça sous l'œil sévère du gardien de la paix ;
ce sont les brillantes boutiques du boulevard
où les violettes mettent leur note discrète près
des superbes orchidées ! Qu'il est bon de se souvenir là bas !

Jusqu'ici, une seule personne s'est occupée
au Tonkin de la production des fleurs de luxe.
C'est un ancien ouvrier que les hasards de
l'existence ont mené au Tonkin, et qui, pour
avoir obtenu gratis du protectorat les anciens

fossés de la citadelle dans la ville même, s'est livré à la culture potagère.

Grâce à l'excellence de ces terrains il a réussi à faire venir choux, carottes et navets. Puis il a encadré ses carrés de légumes de fleurs d'Europe, et comme celles-ci venaient bien il a développé leurs productions.

Il vend fort cher ses fleurs et aujourd'hui il doit avoir fait fortune.

Mais il a été singulièrement servi par les circonstances ; car tout brave homme qu'il est, il n'a ni connaissances sérieuses en horticulture ni goût.

Il livre des bouquets en bottes, où les délicates fleurs, les pauvres ! — sont serrées, étouffées les unes entre les autres. — Qu'une main féminine intervienne, qu'elle dispose avec agrément les tiges, qu'elle donne de l'air à ces gros bouquets campagnards, et la fleuriste qui aura accompli ce joli travail, qui aura monté un coquet magasin à Hanoï où ses œuvres seront mises en valeur sous l'éclat bien aménagé des lampes électriques, remportera un beau succès au bout duquel il y aura la fortune.

Dans un autre ordre d'idées, la personne qui créerait à Hanoï ou à Haïphong, c'est-à-dire dans les villes qui comptent un très grand nombre d'Européens, une maison de vente pour les robes, les bonnets, les souliers, les chemises de bébés, pour tout ce qui est relatif à l'enfance depuis le premier âge jusqu'à 6 ou 7 ans, aurait une bonne clientèle assurée.

Le nombre des enfants européens qui vivent au Tonkin augmente de jour en jour : jusqu'à l'âge de huit ans environ ils poussent superbement, sans avoir jamais à craindre les terribles maladies de la gorge ou de la poitrine, qui font tant de victimes en France; mais plus tard, ils s'étiolent et ont besoin, pour grandir, d'un climat plus sévère et moins débilitant.

Les fonctionnaires, les colons, gardent donc près d'eux jusqu'à ce moment leurs enfants, et Dieu sait si les familles prolifiques sont nombreuses sur les bords du fleuve Rouge!

Il est certaines familles de fonctionnaires qui ne prennent pas de congés sans exciter la terreur de ceux qui ont charge du budget du protectorat, car chaque fois qu'elles se déplacent l'Administration doit payer huit, dix ou même douze places aux Compagnies de transport!

Tout ce petit monde rapide à user ses chaussures, dévastateur de fonds de culottes, noircisseur invétéré des jolies chemisettes blanches dont les mamans sont si fières, réclame bien souvent des vêtements, et personne jusqu'ici ne s'est préoccupé de lui en fournir régulièrement ; il y aurait, dans ce genre, une entreprise intéressante à tenter.

Pour vêtir les bambins, il y a donc pénurie de professionnelles. Pour les mettre au monde, c'est exactement la même chose. Les jeunes Français naissent à l'hôpital où les femmes enceintes se rendent toutes. Ce sont les sœurs qui reçoivent le marmot à son arrivée et c'est un médecin militaire qui donne ses soins à la maman.

Les sœurs sont en vérité très dévouées, mais elles ont été peu préparées à ce métier nouveau pour elles, et bien des femmes préféreraient rester chez elles près de leur mari, que d'aller à l'hôpital. Mais pour cela il faudrait une sage-femme, et il n'y en a pas.

Pour être plus exact, il y en a une seule, venue il y a quelques mois de France, sur la demande de la femme d'un très haut fonctionnaire. Cette sage-femme s'est installée à Hanoï. Mais il reste à pourvoir Haïphong dont la population est au moins aussi importante que celle de la capitale du Tonkin.

De même l'on ne peut trouver de gardes-malades, et bien souvent l'on serait heureux d'avoir près de soi quelqu'un ayant quelques notions des soins qu'on doit à une personne alitée ou convalescente. Une femme-docteur, qui pourrait faire des accouchements en même temps qu'elle exercerait, aurait sans doute une belle clientèle.

III

Etre marquise de Carabas! Comment une femme peut devenir colon au Tonkin.—Le service des renseignements au ministère des colonies. — Les entreprises agricoles. — Les rizières. — La vie dans la brousse.

Devenir propriétaire d'un immense territoire qui s'étendra, par monts et par vaux, sur plusieurs milliers d'hectares, réaliser ce rêve du marquis de Carabas qui voyageait sur ses biens plusieurs jours sans en voir la fin; avoir, même au bout du monde, un petit royaume dont on soit souveraine, n'est-ce pas un joli lot même pour celles qui auraient songé conquérir à Paris une petite place au soleil?

Parvenir à ce but presque sans bourse délier,

au moins sans être obligée de passer devant notaire un acte d'achat en vertu duquel on verse la forte somme au fisc et à un propriétaire, est permis à toute personne capable de s'expatrier et ayant quelques capitaux qu'elle consacrera à la culture des terres que le protectorat du Tonkin lui aura concédées.

Nous ne dirons pas que l'Administration n'éprouvera pas quelque surprise à voir pour la première fois, au moins au Tonkin, une femme devenir colon et solliciter une concession.

Peut être, pour ne pas manquer à la sacro-sainte tradition, regimbera-t-elle tout d'abord et cherchera-t-elle à vous créer des embarras. Ne vous laissez pas intimider; rien dans la loi, rien dans les règlements ne permet de refuser une concession à une femme parce que femme.

Et tous les raisonnements, toutes les objections que l'on pourra faire devront tomber devant ce fait que toutes les personnes ayant vécu au Tonkin confirmeront : le colon ne peut pas, ne veut pas travailler de ses mains. Il ne peut être qu'un directeur. Et nous ne sachons pas qu'une femme soit moins apte qu'un homme à diriger une entreprise. Combien au contraire de maisons de commerce, de fermes, doivent leur succès à l'intelligence pratique d'une femme!

Mais quoi, me direz-vous; avant de rien faire, avant de rien décider, il me faudra écrire au Tonkin. Pour avoir le moindre renseignement précis, il me faudra attendre des mois entiers. Un an, au moins, s'écoulera avant que je puisse connaître quelle concession je puis avoir. Et durant ce temps que serai-je devenue? Ou bien si j'ai personnellement des capitaux, je les placerai dans une autre opération. Ou bien, si j'ai un prêteur, celui-ci, refusant de laisser son argent si longtemps improductif, le reprendra et adieu… veau, vache, cochon, couvées. J'aurai fait le rêve de Perrette! »

Cela n'est que trop vrai et c'est une des raisons, sinon la seule, pourquoi si peu de capitalistes consentent à mettre leur argent dans des entreprises de colonisation au Tonkin.

Au ministère des Colonies — faites-en l'expérience — il est impossible d'avoir aucun renseignement.

Les bureaux sont aussi hermétiquement clos
que s'ils gardaient les secrets de la mobilisa-
tion et le « défense d'entrer au public » — ce
pauvre public pour lequel ils ont été cependant
créés — est affiché à peu près partout.

Si, par une chance extraordinaire vous arri-
vez à voir un des fonctionnaires chargés du
Pavillon de Flore, vous ne serez pas plus avancée qu'auparavant.

Chose incroyable, et cependant exacte, il n'y
a pas une carte à jour du Tonkin au ministère.
Tandis que, à Hanoï, l'on a dressé des docu-
ments fort intéressants indiquant quelles étaient
les concessions pouvant être accordées, quelle
était la nature des terrains, etc., à Paris l'on
ne possède aucun document.

Ce n'est pas étonnant que les Anglais soient
nos maîtres en matière de colonisation. A Lon-
dres, le gouvernement lui-même a établi des
offices de renseignements où le public est
accueilli avec égard et empressement. Il a fait
composer encore de charmantes brochures
illustrées sur chacune de ses colonies.

Ce bureau de renseignements existe sur le

papier pour le Tonkin, mais tant de personnes
ont demandé à diriger ce bureau à Paris, toutes
plus qualifiées et recommandées les unes que
les autres, que, pour ne point faire de mécon-
tents, la colonie n'a établi aucun bureau. Détail
amusant, aucun de ceux qui sollicitaient cet
emploi n'avait été dans le pays. Ils devaient
renseigner par chic (1).

Puisque nous n'avons rien à attendre de nos
coloniaux en chambre, passons-nous d'eux.

Pour obtenir une concession, il faut la deman-
der au gouverneur général en indiquant le
genre de culture auquel on veut procéder, les
terres que l'on désire, et autant que possible
les ressources dont on dispose. Et puis, il y a
un « et puis » qui fait gagner de l'argent là-bas
à bien des agents d'affaires, il faut joindre à
sa demande le plan de la concession désirée.

(1) Depuis que nous avons écrit ces lignes, le Ministère
des colonies, d'accord avec M. Doumer, a créé à Paris un
office de renseignements pour l'Indo-Chine, mais ce service
a été confié à.... M. Auriscote, ancien député de la Lozère,
beau-père de l'ancien chef de Cabinet de M. Doumer. M. Auriscote n'a jamais été en Indo-Chine et doit en conséquence
renseigner le public sur un pays qu'il ne connaît pas.
Étonnez-vous, après cela, que le Français ne soit pas colo-
nisateur.

Comme neuf fois sur dix, on ne fait pas au
préalable un voyage au Tonkin, on charge un
avocat du lieu de s'occuper de faire dresser le
fameux plan et on perd ainsi la forte somme.

N'en avez-vous pas fait la triste expérience,
monsieur Binder?

En Amérique, beaucoup de femmes dirigent
d'importantes plantations parmi lesquelles il
faut citer les plantations de maïs, de coton et
de tabac.

Ces trois cultures très rémunératrices peuvent être également entreprises au Tonkin.
Encore est-il que ce dernier pays comme l'Annam offre un avantage considérable sur les
autres contrées.

Tandis que, en effet, en Amérique, il faut
attendre quelquefois plusieurs années dans le début que les plants produisent et alors que durant
ce laps de temps les capitaux placés dans la plan-
tation restent improductifs, au Tonkin, le colon
met une partie de sa propriété en rizière et
s'assure ainsi, sans aléa, un revenu de 15
à 20 0/0.

C'est là de quoi vivre largement jusqu'au

jour où les caféiers ou les cotonniers donnent et qu'ils réalisent pour vous la fortune.

Rien de plus simple, du reste, pour un Européen : que la culture du riz; il n'a, en quelque sorte, qu'à laisser faire les Annamites, qui s'y entendent parfaitement.

Il n'a qu'à leur assurer une bonne irrigation des terres, ce qui lui est aujourd'hui facile, grâce aux travaux d'élévation d'eau qui ont été entrepris récemment, et des buffles en quantité suffisante pour les travaux de labourage.

C'est ce qu'on appelle le métayage. C'est même la seule façon actuellement dont procède les colons : nous ne disons pas que c'est la meilleure, mais c'est en tout cas la plus facile, puisqu'elle consiste à fournir, sous forme de prêt, aux indigènes les animaux domestiques qui leur sont nécessaires et à les mettre à même d'irriguer leurs rizières.

Sur les côtes de l'Annam, la culture du thé prendrait parfaitement. L'on pourrait à la fois vendre le produit récolté aux indigènes et aux Chinois qui en consomment de grandes quantités et en expédier en Europe.

Le thé de l'Annam a beaucoup de similitude avec celui de Ceylan, dont il n'y a pas une femme à Paris qui n'ait fait usage et qui ne l'ait trouvé excellent.

Avec un peu de soins, on donnerait au premier les mêmes qualités et la même saveur fine qu'au second et en usant d'un peu de réclame sur les marchés européens — tout comme les Anglais ont fait pour les produits de Ceylan qu'on ne voit chez nous que depuis quelques années — on arriverait à le vendre un prix très rémunérateur.

Le café demande l'emploi de capitaux plus importants et donnerait peut-être un produit moins apprécié.

Le tabac — il serait curieux, ma foi, mais non impossible, qu'une d'entre nous dût sa fortune à cette plante si chère aux messieurs — vient bien en Annam et dans certaines parties du Tonkin. Il est d'une culture très facile et de bonne qualité.

La vie dans la brousse au Tonkin ne présente certes pas les mêmes avantages que la vie à Hanoï ou dans les grandes villes.

Mais si on est privé des bals de la Résidence Supérieure ou des auditions de la « Pilharmonique », on y a une existence plus pittoresque et surtout plus calme.

Les habitations en briques et bambous que les indigènes construisent pour les Européens sont confortables : il faut avoir soin de les aérer largement et de les faire élever de deux étages pour installer les chambres à coucher au premier. On laissera le rez-de-chaussée pour les bureaux, la cuisine, etc.

Chaque colon a le droit d'entretenir sur ses terres, pour la défense de sa concession, un certain nombre de miliciens appelés « Linhs ». C'est une petite troupe dévouée et sûre, qu'il est utile d'avoir près de soi, bien que de nos jours la sécurité soit très complète au Tonkin.

Le personnel domestique dans la brousse peut être nombreux. Il ne coûte presque rien. Enfin, c'est un plaisir de parcourir les vastes territoires dont on est seigneur incontesté sur d'excellents petits chevaux annamites aussi vifs que vigoureux.

Si le métier d'amazone ne sourit pas, l'on se promène dans une charmante charrette anglaise que l'on conduit soi-même, à moins qu'on ne laisse ce soin à un « saïs ».

LA FEMME EN TUNISIE

LA FEMME EN TUNISIE

I

Le mépris de la femme chez les Arabes. — Le
climat de la Tunisie. — Les cattle queens. —
Les irrigations des terres. — Le fanatisme
religieux. — Ce qu'il faut d'argent pour une
exploitation agricole. — La solitude.

Il serait d'un paradoxe curieux que la Tunisie, pays musulman où les femmes sont à peine
les domestiques du maître et sont moins consi-
dérées que la jument favorite du Caïd, procu-
rât la fortune, c'est-à-dire l'indépendance, à des
femmes européennes.

Il est vrai que la femme de France n'est pas
une de ces malheureuses créatures vivant au
fond des harems de l'Orient, mais il est pro-

bable que l'Arabe ne respecte pas davantage
les filles blanches de nos pays — au contraire
— que les brunes servantes de ses plaisirs.

Ce mépris est la grande difficulté qu'une
femme aura à vaincre pour s'établir en Tunisie,
car il engendre la désobéissance. Se faire
obéir sera tout un problème à résoudre. L'on
y parvient cependant en ayant avec soi des
sous-ordres européens sachant parler haut et
imposer la volonté de la maîtresse.

La Tunisie a pour nous une attirance toute
particulière, car elle se trouve en quelque sorte
aux portes de la mère-patrie.

Tandis que pour gagner le Tonkin il faut
durant un long mois voyager; qu'il faut y vivre
sinon privés de nouvelles, au moins avec des
informations de la métropole vieilles de tant de
jours; qu'on doit avant d'y aborder avoir dépen-
sé une somme importante donnée aux compagnies de navigation, l'on met un temps très
court pour arriver en Tunisie et l'on reste en
communication rapide et constante avec la
France.

Ce n'est pas un exil, dans ces conditions;

c'est une sorte de villégiature qui peut être rendue fort agréable.

Le climat de la Tunisie est presque partout salubre. La chaleur est élevée, mais sèche. D'immenses forêts couvrent les plateaux et offrent les paysages les plus pittoresques. Enfin surtout dans la région du nord, des pluies abondantes permettent une culture régulière du sol.

L'on se trouve du reste dans un pays auquel les agriculteurs romains avaient fait rapporter de merveilleuses récoltes. L'on raconte même qu'ils ont épuisé la contrée et que le sol est encore fatigué d'avoir tant et tant produit. C'est une légende, car Dieu sait si les terres ont eu le temps de se refaire depuis que les Arabes les laissent en jachères.

Ce qui est exact, c'est que l'on trouve en maints endroits traces des travaux importants construits par les Romains, et qu'il n'y a bien souvent qu'à les reprendre, surtout en matière d'irrigation, pour rendre à la contrée sa richesse disparue.

Que d'Européens, pour construire leurs mai-

sons, ont encore emprunté à des vieilles voies
romaines les pierres nécessaires!

Nous ne reviendrons pas sur ce que nous
avons déjà dit (voir notre chapitre « la femme au
Tonkin ») sur la possibilité qu'il y a pour une
femme de diriger, tout aussi bien qu'un homme,
une exploitation agricole. Ce qui est vrai pour
le Tonkin est vrai pour la Tunisie et pour toute
autre partie du monde où le climat lui permet
de vivre en bonne santé.

Les bras ne sont rien pour un chef d'exploitation, c'est la tête qui fait tout.

Comme nous le verrons plus loin, la Tunisie
se prête fort bien à l'élevage des bestiaux.

Mais quoi, nous direz-vous, allez-vous pré-
tendre qu'une femme peut également se faire
éleveur. « C'est un rude métier, peu fait pour
notre faiblesse. »

En êtes-vous si certaine? Admettez-vous
alors, répondrons-nous, que nos gentilles filles
de France, parce qu'elles sont les plus fines du
monde, quelquefois les plus coquettes, toujours
les plus charmantes, n'aient pas un peu d'énergie dans le caractère? Qu'elles ne puissent pas à

un moment donné être aussi décidées que les Anglaises ou les Américaines? Il ne manque pas parmi les nôtres de femmes qui ont accompagné leur mari dans de longues campagnes coloniales et qui se sont découvert, au milieu d'événements graves, de rares qualités d'énergie et d'endurance.

En ce qui concerne du reste l'élevage, voyons ce qui a été fait en Amérique.

Des immenses territoires de l'Ouest, les prairies, comme on les appelle, possèdent de riches troupeaux de bœufs et de chevaux dont plusieurs appartiennent à des femmes qui dirigent elles-mêmes leur élevage.

Sous leurs ordres travaillent des « cow-boys », ces rudes gars, vivant toujours en plein air, couchant à la belle étoile, devenus de vrais sauvages, d'un caractère aussi brusque que peu facile.

Ces hommes cependant obéissent sans broncher à la volonté féminine qui les dirige, non sans fermeté, mais toujours avec intelligence.

Et bien! ces femmes ont presque toutes fait des fortunes considérables. Beaucoup d'entre

elles se sont retirées à New-York ou à Chicago
et forment une sorte d'aristocratie par droit de
monnaie. Elles donnent de fort belles récep-
tions pour lesquelles les invitations sont fort
recherchées.

On les appelle — ô sans rire, croyez-le bien !
les « Cattle queens », les reines du bétail ; tout
comme il y a là-bas les rois du pétrole, des
chemins de fer, etc.

La Tunisie, pour revenir à elle, a une sur-
face d'environ 12 millions 700 hectares qui com-
prennent 4 millions d'hectares de terrains
rocheux, 5 millions d'hectares de bonne culture ; 1 million d'hectares en terres argileuses,
et trois millions et demi d'hectares de lacs, de
rivières, de routes et de dunes.

Les terrains rocheux se prêtent extrêmement
bien à la pâture. Sur les collines, les plateaux,
les moutons trouvent une herbe fine et courte
qui convient parfaitement à leur nourriture.
Les bœufs eux-mêmes, après les pluies abondantes, peuvent y brouter un excellent fourrage.

Les plaines qui s'étendent entre Béja, Mateur
et Bizerte, la vallée de la Medjerdha, celle de

Sousse, et même les environs de Tunis donnent d'admirables récoltes sans qu'il soit besoin de recourir à aucun travail important d'irrigation.

Il n'en est pas de même dans l'Enfida où l'on doit aménager les oueds torrentueux pour éviter la perte des eaux. Dans cette région, l'insuffisance des pluies ne permet pas de compter sur des récoltes régulières de céréales.

Du reste, il est nécessaire, d'une façon générale, de conserver autant que possible les ruisseaux qui se forment pendant la saison des pluies. Le gouvernement du protectorat s'est préoccupé déjà de cette importante question et encourage par des subventions les propriétaires à se réunir en syndicat pour l'établissement des travaux d'irrigation d'un intérêt commun.

La vie d'une femme en Tunisie sera souvent plus sévère que celle qu'elle aurait pu mener au Tonkin.

Son isolement, si près de la France, y sera plus grand. La population indigène, beaucoup moins dense que celle de l'Extrême-Orient, n'a pas la culture intellectuelle des Annamites ni leur sociabilité.

Elle reste plus farouche, plus dangereuse aussi. Enfin il y a son fanatisme religieux avec lequel il faut toujours compter.

Pour le musulman, quelle que soit notre attitude, aussi indifférente qu'elle puisse être en matière religieuse, nous sommes et nous resterons des infidèles, c'est-à-dire, des ennemies.

Nous sommes des êtres impurs, dont le contact doit être évité par tout bon musulman.

Que nous sommes loin de cette admirable tolérance des peuples indo-chinois! Là-bas, au Tonkin, il importe peu aux indigènes que vous croyiez en Bouddha ou en Dieu, ou que vous ne croyiez à rien du tout. Ici, une barrière presque infranchissable vous sépare de vos domestiques, des êtres qui vous entourent. Le mieux est d'en prendre son parti bravement et d'obtenir alors par crainte ce que l'on ne peut avoir du respect ou de l'affection.

La main d'œuvre est du reste plus coûteuse qu'au Tonkin.

Un ouvrier agricole se paie de 1 fr. 20 à 1 fr. 50 par jour, et les terres ne se donnent pas en concession, mais s'achètent encore un prix assez élevé.

Il est donc de toute nécessité d'avoir un capital important.

Voici un calcul qui, à titre d'indication, permettra de connaître quelle somme il faut posséder pour devenir colon en Tunisie. Dans un prochain chapitre nous verrons comment l'on devient propriétaire

Achat de la terre (3oo hectares).	20.000 fr.
Défrichements	14.000
Attelages et instruments.	10.000
Fonds de roulement, semences, faux frais	14.000
Maisons, routes, irrigation.	3o.000
	98.000 fr.

Soit en chiffres ronds 100.000 francs.

C'est là une très grosse somme que peu d'entre nous possèdent. Mais il ne faut pas se dissimuler qu'en Tunisie, à l'exception de quelques rares professions qu'on ne peut exercer que dans les grandes villes, l'on ne peut réussir dans la Régence qu'en ayant à sa disposition des capitaux importants.

Ce que l'on trouvera en Tunisie, c'est en effet la terre inculte, couverte de plantes sauvages, de lentisques, d'asphodèles, de jujubiers. Pas de maison, pas de puits, pas de garages. Il faut tout construire, tout créer; jusqu'aux routes qui doivent permettre aux produits de la ferme de gagner le port ou la ligne de chemin de fer voisine.

Il faudra pourvoir à tous les besoins de l'habitation par la ferme elle-même.

Il n'y a dans le voisinage ni boulanger, ni forgeron, ni menuisier, ni boucher, ni rien. L'on est perdu dans le pays; plus éloigné du moindre secours qu'on ne l'est au fin fond du Quan-Yen ou du Binh-Thuan.

Les Arabes ne font rien et sont incapables de rien faire. Il n'y a ni industrie, ni commerce local.

Tout est à créer, tout est à faire.

Est-ce à dire que la vie est impossible ou trop pénible? Non point. Bien au contraire, cette existence assez sauvage a ses charmes, mais il faut, pour l'aimer et réussir, un caractère bien trempé, résistant à la solitude.

II

Comment l'on devient propriétaire en Tunisie.
— L'immatriculation des biens. — Le contrat
d'Enzel. — Les Habous.— Les obligations des
colons. — Le climat. — La petite culture.
— Tunis la blanche. — Le quartier juif. —
Les femmes arabes.

Devenir propriétaire en Tunisie a été jadis
fort difficile. Bien que la propriété individuelle
existât depuis longtemps dans la Régence (car,
à la différence de ce qui se passa en Algérie,
la terre appartient à des particuliers et non à
des tribus), les confiscations, les insurrections,
les pillages même avaient donné aux mêmes
biens plusieurs propriétaires différents fournissant tous également des titres de propriétés
réguliers ou prétendus tels.

Dans de telles conditions, l'on pouvait avoir

acheté un immeuble important, l'avoir payé, et un beau jour se le voir contester par un tiers.

Cette situation était un obstacle sérieux à la colonisation.

Le protectorat l'a surmonté en mettant en vigueur la loi dite de l'immatriculation — 1er juillet 1885 — grâce à laquelle, sur une formalité très simple, tout domaine rural ou urbain peut être immatriculé, c'est-à-dire faire l'objet d'une inscription ad hoc sur le registre foncier tenu par le conservateur.

Dès lors, nul ne peut contester votre possession : bien au contraire, l'on peut vendre, échanger les biens inscrits avec une merveilleuse sécurité, avec une facilité non moins remarquable, et sans l'assistance d'aucun homme de loi.

Ces derniers mots ne vous disent-ils rien? Ils sont cependant bien curieux et bien intéressants à noter. Faut-il donc aller en Tunisie pour voir se réaliser cette réforme qui donnerait tant de joie aux Français?

Pas d'hommes de loi, c'est-à-dire pas d'intermédiaires, pas de personnalités plus ou moins férues sur les chinoiseries de la procédure qui, en vertu d'un scandaleux monopole, vous font payer la forte somme pour quelques lignes d'un inutile grimoire.

Cette réglementation a produit les meilleurs résultats, et aujourd'hui le régime foncier tunisien est supérieur à celui même de la métropole.

L'on acquiert une propriété dans la Régence, soit en l'achetant à un particulier, soit à l'administration des domaines, soit en la louant à perpétuité.

Cette dernière méthode, tout à fait propre à la Tunisie, permet de joindre aux avantages d'une possession illimitée les bénéfices d'une simple location n'exigeant aucune avance de capitaux.

C'est ce qu'on appelle le contrat d'*Enzel*, portant sur l'utilisation des biens de mainmorte, dits biens *Habous*.

Les biens *Habous* sont les biens des pauvres : ceux que des musulmans charitables ont abandonnés à l'État à charge de ne les aliéner jamais et d'en consacrer les revenus à des œuvres secourables.

Ces terres, qui sont extrêmement importantes, correspondent au domaine de notre Assistance publique, à cette différence, toutefois, que l'Administration française agit plus cavalièrement avec les donations qui lui sont faites.

Les biens *Habous privés* sont ceux dont l'État n'a que la nue propriété et dont il ne dispose des revenus qu'à la mort du dernier héritier du donataire.

L'administration de ces biens est un conseil appelé *Djemaïa*.

Il y a quelques années, aucun Européen ne pouvait obtenir un seul de ces domaines en location. Cet état de choses a été modifié, et aujourd'hui chacune de nous peut en obtenir.

Les Habous sont mis aux enchères publiques et l'adjudicataire possède alors pour toute éternité le sol qui lui a été concédé à charge par lui de verser une rente annuelle dite Enzel à la Djemaïa.

L'État tunisien vend de son côté, mais cette

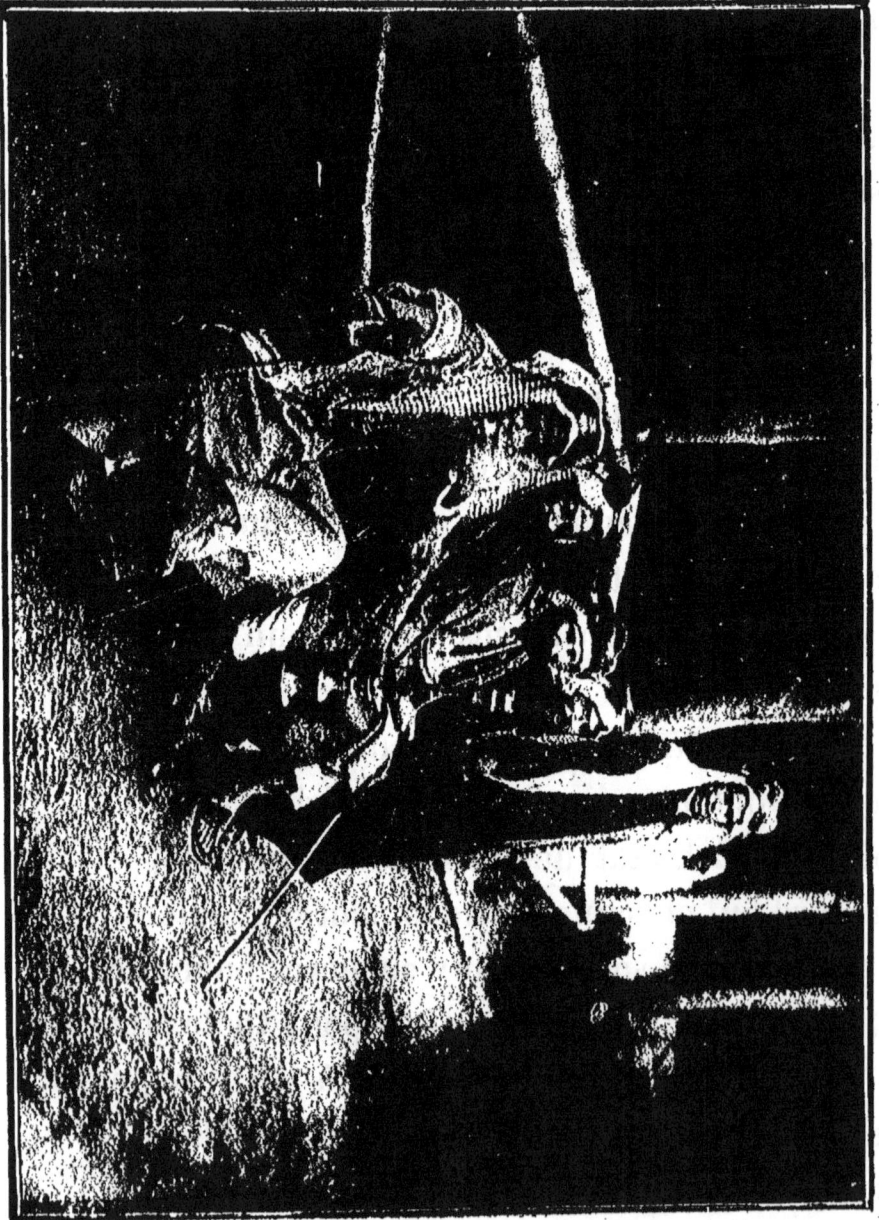

Conducteurs de bestiaux en Tunisie.

fois-ci en pleine propriété, des territoires ruraux dont il possède plusieurs milliers d'hectares.

L'on procède à l'amiable après une expertise préalable des lots mis en vente. La moitié du prix doit être payée à l'avance ; un quart à la fin de la 3° année, un dernier quart à la fin de la quatrième.

L'acquéreur qui paie le tout comptant bénéficie d'une diminution de 10 0/0. Les frais accessoires s'élèvent à 5 0/0 de la valeur de l'immeuble.

L'État impose à ses acheteurs diverses obligations. Il faut que, dans un délai de deux ans, le nouveau colon ait mis en valeur ses biens ; qu'il y ait élevé une maison ; qu'il y soit installé ou qu'il y ait installé une famille française.

Les prix des terrains varient entre 150 et 10 fr. l'hectare, suivant qu'ils sont cultivables aisément ou qu'ils sont situés en montagne et qu'il faut les débroussailler.

Il y a quelques années, l'on vendait par morceaux, un ancien et fort important domaine ayant appartenu à la famille Siala. Ces terres

étaient cédées moyennant 10 fr. l'hectare aux
personnes qui s'engageaient à les planter exclu-
sivement en oliviers. Depuis 1892, près de
40.000 hectares ont été ainsi vendus.

Ils sont aujourd'hui recouverts d'oliviers
dont des métayers indigènes ou « méhrarei »
s'occupent. Ces métayers reçoivent un salaire
de 1 fr. 20 à 1 fr. 50 par pied d'arbre pour
l'année.

L'on ne trouve plus guère de terres dispo-
nibles de cette espèce. Toutefois, comme la
culture des oliviers a donné de beaux résultats,
le gouvernement tunisien se propose d'en
mettre de nouveaux lots en vente dans les
environs de Sfax.

Nous avons dit que la vie en Tunisie, pour
une femme, serait plus pénible que dans les
autres colonies à cause du fanatisme musulman et de l'opinion générale que les indigènes
ont d'elle.

Elle n'aura point à craindre cependant de
mauvais traitements d'aucune sorte. Si l'administration est restée indigène — ce qui est fort
heureux, car le régime du Protectorat honnête-

ment pratiqué par le Protecteur est le meilleur
— il y a partout des agents français qui la
contrôle.

Les caïds et leurs sous-ordres, les kalifats,
comme aussi les cheiks, sont surveillés par
nous et ne sont nommés par le bey que sur
l'agrément du résident général.

Le climat permet aux femmes de mener une
vie saine et non affaiblissante.

Baignée par deux mers, la Tunisie offre un
système orographique dont le système est moins
accentué que celui de l'Algérie et qui ouvre
ses vallées aux brises du large rafraîchissantes
et fraîches.

Les parties fiévreuses du pays sont bien plus
rares dans l'ancienne Régence de l'Est que dans
sa voisine occidentale. Enfin, l'on y retrouve la
flore de tout le bassin de la Méditerranée : c'est
la contrée des oliviers, de la vigne, des figuiers,
des orangers, des dattiers. Les montagnes du
Nord, celles des Kroumirs, sont couvertes de
chênes-liège; d'autres donnent naissance à ces
palmiers nains qui font le désespoir des colons
et des défricheurs.

4.

Si agréable que puisse être la Tunisie à habiter, si tentée que l'on puisse être, à cause de sa proximité avec la France, de s'y rendre et d'y commencer une entreprise, nous ne pouvons conseiller à celles qui ne disposent que de peu d'argent de s'y rendre.

Le petit cultivateur ne peut y avoir d'emploi que comme salarié ou contre-maître, et si l'une d'entre nous peut par ses capacités personnelles diriger de haut une ferme, personne, nous le croyons, ne peut ici servir en sous-ordre.

L'on trouve sur place une main-d'œuvre indigène relativement peu coûteuse, bien que d'un prix plus élevé qu'en Extrême-Orient. Elle comprend soit des Arabes, soit des Kabyles, dont le moindre défaut est d'abandonner le travail tous les quatre ou cinq jours pour « tirer une bordée ». Il y a encore des Italiens et des Maltais, surtout des Siciliens. Mais leur emploi n'est pas dépourvu d'inconvénients à cause de leur caractère difficile et vindicatif.

La Tunisie offre encore au point de vue pittoresque et historique l'attrait le plus vif.

Tunis, la Blanche, avec ses mosquées, ses

maisons mauresques, ses ruelles étroites a gardé un caractère mystérieux malgré notre présence.

Si les journées y sont brûlantes, les nuits, avec un ciel merveilleusement paré d'étoiles, y sont délicieuses. Nulle autre part on est saisi avec plus d'émotion de leur charme pénétrant et doux. On rêve.

Tout à coup, au détour d'une rue, derrière les portes closes d'une maison dont les volets laissent filtrer quelque lumière, les accords d'une musique inattendue viennent vous surprendre.

Hélas ! c'est quelque rengaine à la mode d'il y a trois ans, dans les cafés-concerts Parisiens, qui interrompt votre rêverie. Cela est particulièrement odieux.

Combien au contraire l'on aime ce musicien ambulant qui chante devant un café maure en s'accompagnant de la *guzla*, en écaille de tortue. De longues heures, sa voix monotone, mais non commune, se fait entendre.

Tout au fond du même café, se tient un *conteur*. Il dit un récit bizarre et interminable

comme ceux des *Mille et une nuits*. De temps
en temps il s'arrête, pour jouir de l'émerveille-
ment de l'auditoire.

Le quartier juif à Tunis est une curiosité. La
vie des femmes s'y écoule tranquille, partagée
entre les soins quotidiens du ménage et la pré-
paration des costumes de fête. Le mercredi
est le jour réservé à la lessive. Les autres
jours, assises, les jambes croisées, devant de
rutilantes bassines de cuivre, elles préparent
de leurs doigts rougis au henné la pâte desti-
née au dîner du soir.

Ces femmes aux formes élancées et pures,
aux grands yeux noirs, n'ont rien de commun
avec les Arabes voilées de blanc, coiffées de
bonnet en pointes, si grasses qu'on serait tenté
de croire qu'on les engraisse en un lieu
obscur avec du couscoussou et du foie de
cheval.

Le choix d'une propriété. — La maison d'habitation. — Les hommes. — La culture des fleurs et la fabrication des parfums. — La concurrence métropolitaine.

Le choix d'une propriété est le problème le plus difficile à résoudre pour qui se décide à venir tenter la fortune en Tunisie.

C'est la question la plus importante, car c'est d'elle que dépend le succès ou l'échec de toute entreprise.

Le pays est si près du nôtre que nous ne saurions trop conseiller à la personne qui désire s'y fixer d'y venir passer, avant toute décision définitive, quelque temps.

Elle emploiera son séjour à visiter les propriétés déjà en valeur, elle prendra en un mot une excellente leçon de choses, et elle fera bien

si elle n'a pas, en fin de compte, le feu sacré
de la colonisation, de reprendre le chemin de
sa ville natale.

L'on a, en Tunisie, en cette matière, un gui-
de excellent. C'est le souvenir de la domination
romaine.

Autant que possible, il faut s'établir sur les
terres qui ont gardé quelques vestiges des anciens maîtres du monde. La présence de ruines datant de leur époque est une précieuse
indication.

Les Romains ont été les premiers colonisa-
teurs — dans les deux sens du mot — et ils
ont étudié ce pays avec beaucoup de soin.

Presque tous leurs établissements furent situés sur des terres fertiles, à la proximité de sour-
ces, dans une contrée salubre et ce que l'on
doit chercher, n'est-ce pas la fertilité du sol,
la salubrité de l'air et l'eau bienfaisante qui
assure la richesse des récoltes ?

Suivons donc les traces de ceux qui s'empa-
rèrent de Carthage ; profitons de leur expérience ;
reconstruisons ce qu'ils ont détruit en tenant
compte des progrès de la science moderne et

sous les réserves que nous avons indiquées plus haut.

Nous avons fait connaître déjà comment l'on acquérait un domaine ; nous ne reviendrons pas sur ce sujet, mais nous rappellerons qu'en ce pays de Levantins et d'un cosmopolitisme si extraordinaire, il faut tenir compte de cette règle, là-bas d'un ordre général : « Tout courtier, en Tunisie, est un menteur, doublé d'un voleur. »

La construction et la disposition des bâtiments de la ferme et de l'habitation sont les premières préoccupations du colon qui s'est décidé à traiter pour l'achat d'un terrain.

Il faut que la maison soit établie dans un site riant ; autant que possible à mi-hauteur d'une colline au pied de laquelle coulera un ruisseau et à proximité d'une route.

Il ne faut pas croire qu'il n'en coûte rien d'élever une habitation parce qu'avant de partir de France, l'on vous aura dit que pour 12 à 1.500 francs vous pouvez vous faire bâtir un palais.

Ce palais sera tout au plus un château en Espagne. Une construction, si modeste qu'elle soit, coûte encore fort cher, autant pour le moins qu'en un village de France.

Une maison, sur cave, avec cuvier et remise, revient au bas mot à 6.000 fr.

Il faut, en effet, employer à sa construction de la pierre de bonne qualité, et celle-ci non seulement est assez rare, mais encore exige des transports coûteux. Tout le monde n'a pas sur sa propriété d'anciennes ruines romaines propres à servir de fondations solides et à fournir le moellon nécessaire.

Enfin, il faut faire établir un puits ; c'est l'accessoire le plus indispensable de la ferme, d'autant plus nécessaire que l'eau est rare et que l'on ne peut guère se servir de l'eau des rivières comme eau potable.

Les caves sont également importantes, car c'est d'elles que dépend la salubrité de l'habitation. Elles forment entre le sol et le plancher des chambres une sorte de séparation salutaire qui empêche les miasmes telluriques d'apporter la fièvre aux habitants.

La disposition la plus usitée et la plus commode qui est suivie pour l'établissement d'une ferme est celle qui affecte la forme d'un carré.

Sur l'une des bases est appuyée la maison du colon ; sur les autres sont édifiés les hangars ouverts qui servent d'écuries dans ces pays où la température toujours chaude permet aux animaux de coucher en quelque sorte en plein air.

Le tout est enfermé par des murs assez hauts pour empêcher toute incursion des Arabes pillards, grands rapineurs, grands voleurs de poules et même pis encore.

Au milieu de la cour, l'on a creusé un puits et construit une auge circulaire dans laquelle le bétail vient s'abreuver.

Voici un bref schema qui fera voir rapidement ce que nous venons d'indiquer :

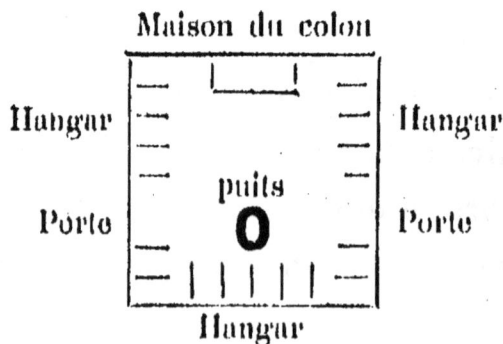

Maison du colon

Hangar · Hangar

puits
O

Porte · Porte

Hangar

Le cultivateur européen — ou femme —

6

trouve dans le pays un aide très utile chez les *Khammes*.

On appelle Khammes (ce qui veut dire, celui qui reçoit le cinquième) un cultivateur indigène qu'on engage à l'année. Il sème, laboure, soigne les animaux de la ferme, irrigue, surveille les moissonneurs, fait les battages ; comme salaire il reçoit le cinquième de la récolte des grains ; si le Khammes a besoin d'argent ou de vivres, le colon est tenu de lui avancer à titre de prêt.

Il ne faut pas dissimuler toutefois que le Khammes est généralement un grand sacripan et que, malgré les précautions les plus sévères, il parvient toujours à voler peu ou prou son patron.

Il y a une autre sorte de Khammes qui correspond à ce qu'on appelle sur nos fermes de France « les belges », ce sont des indigènes qui ne viennent qu'à l'époque de la moisson et qu'on paye alors 50 francs pour une quinzaine d'hectares. On doit en outre les nourrir.

Parmi les entreprises qui plairaient peut-être le plus à une femme, la culture des fleurs et la fabrication des parfums sont de celles qui sont les plus faciles et peut-être les plus rému·nératrices en Tunisie.

Sous son climat toujours doux, les fleurs poussent fort bien et leur distillation donne d'odorants produits qui sont très estimés et de vente très rémunératrice dans tout l'Orient.

En tête de ces plantes, nous citerons le géranium. Il fournit un parfum violent que les Arabes prisent beaucoup et qu'ils nomment Atcher-Cha.

Les Chartreux établis aux environs d'Alger possèdent de merveilleuses plantations de géraniums et vendent au prix de l'or, dans de toutes petites bouteilles, un extrait concentré.

Les rosiers dont on voit des champs immenses sont également cultivés avec succès. Qui ne connaît ces essences de rose que l'on vend même à Paris dans de longs et étroits flacons dorés? Les jasmins fournissent aussi un parfum apprécié. De même le cassis, l'oranger, l'églantine, le fenouil et la menthe, toutes plantes qui viennent fort bien sous le climat de la Régence.

Voici comment le grand fabricant de parfums, Si-Amoa-Kaddour, établit ses bénéfices, sur l'eau de rose, par exemple :

DÉPENSES

100 kilogrammes de roses.............	65 fr.
Bois de chauffage....................	9 .
Paiement du distillateur..............	15
60 flacons...........................	15
Total....	104 fr.

RECÉTTES

20 flacons eau de rose 1re qual. à 6 fr..				120 fr.
20	—	2e	— à 2 fr..	40
20	—	3e	— à 1 fr..	20
2 grammes d'essence.................				9
			Total....	189 fr.

Autrement dit, pour chaque fois 104 fr. de dépenses, il produit 189 fr. de matière marchande : d'où un bénéfice net de 85 fr. C'est un assez joli denier.

Il ne faudrait pas cependant se laisser prendre au mirage des chiffres : nous le répétons, il ne faut venir en Tunisie que si l'on dispose de quelque argent. La vie y est plus coûteuse en somme que dans nos autres colonies, et nous ne croyons pas qu'une femme puisse y exercer les professions qui sont généralement les siennes dans la métropole.

A Tunis, la grande ville, il n'y a même pas cette population européenne qui, en Indo-Chine, forme une excellente clientèle pour les maisons de la colonie.

La France est trop près. C'est à la fois un avantage et un inconvénient. Un avantage, car l'on peut retourner rapidement dans la mère-patrie, en avoir des fraîches nouvelles; l'on se sent près des siens et les heures de tristesse sont moins graves et moins longues. Inconvénient, car la concurrence métropolitaine s'y fait terriblement ressentir.

Les envois des grands magasins s'y font régulièrement. Les robes, les manteaux, les mille fanfreluches de la coquetterie féminine y arrivent abondamment. Les femmes de colons ou de fonctionnaires se font habiller chez les couturières de Paris. Leurs enfants sont élevés dans des lycées de Marseille, de Lyon, de Paris ou de toute autre ville.

Bref, l'on a moins besoin d'avoir sur place des marchandes de modes, des couturières, des professeurs, voire même des journaux, et partant il y a moins de travail pour toutes celles qui voudraient venir s'établir dans le pays.

Pour réussir vite dans les colonies — excepté peut-être en matière de culture — il faut aller loin, très loin, là où l'on n'a pas à craindre les efforts rivaux de nos compatriotes. La Tunisie est trop près de nous pour que celles d'entre nous qui n'ont à faire valoir qu'un brevet d'institutrice, leur talent de couturière, leur doigté de pianiste, etc., puissent tirer profit de leurs mérites divers.

La terre seule peut donner la fortune. Pour s'adresser à elle, il faut, avec beaucoup de persévérance et d'énergie, des capitaux assez importants.

LA FEMME A MADAGASCAR

LA FEMME A MADAGASCAR

I

La mission de la femme à Madagascar. — La crainte du vainqueur. — La société hova. — Une dynastie bourgeoise. — L'esclavage. — La comédie de l'émancipation.

La femme française qui se rendrait à Madagascar aurait une double mission.

A côté de ce qu'on pourrait appeler sa mission coloniale, c'est-à-dire de ce qu'elle peut et doit faire au point de vue commercial ou agricole, elle aurait à exercer une véritable mission réparatrice.

Entendons-nous. Les Hovas viennent de supporter une administration militaire dans tout ce qu'elle a de plus rigoureux ; ils ont appris à nous connaître par nos armes ; nous avons bouleversé leur patrie, confisqué leurs biens,

5.

détruit leur organisation politique, nous les avons en un mot « civilisés ».

Ils nous subissent par la crainte. Il nous reste à nous les attacher par l'affection et le respect. Ils ne nous aiment pas, parce que nous n'avons été jusqu'ici que des maîtres; ils ne nous respectent pas parce que nous n'avons tenu à leur égard aucun des engagements que nous avons contractés vis-à-vis d'eux.

Les peuples à demi sauvages sont comme les enfants : une injustice, un manque de parole à la foi jurée les blessent profondément.

Des traitements inhumains les matent un moment, mais ne les conquièrent pas. Leurs manifestations les plus humbles à notre endroit sont de la comédie.

Peu de peuples cependant nous offraient des qualités plus grandes à développer. Les Hovas sont intelligents et braves; s'ils sont moins souples et d'un esprit moins déliés que les Annamites; moins dignes que les Arabes; ils sont plus courageux au travail que les premiers et moins fanatiques que les seconds.

Nous n'avons rien su en faire. Comme à

l'ordinaire, nous avons imposé à ces peuplades tout notre fatras administratif et judiciaire ! Le code civil, le code de procédure fonctionnent maintenant chez elles. Napoléon n'avait pas prévu — certes — ni ses collaborateurs du Conseil d'État que ses codes iraient un jour dans l'île de Madagascar permettre à une douzaine de magistrats de vêtir toques et toges au milieu des nègres bien ébaubis de ces costumes.

La femme qui portera dans ce pays son esprit plus facilement indulgent que celui de l'homme et surtout exempt des préjugés propres à ceux qui appartiennent à l'armée ou à l'administration, pénétrera plus aisément les mœurs des Hovas et, malgré leur différence d'avec les nôtres, en admirera bien des côtés.

Pour vivre dans une contrée étrangère, il ne faut pas seulement que son climat nous convienne, que sa salubrité soit suffisante, il faut encore que les hommes que nous y coudoierons ne soient pas trop éloignés de nous ou tout au moins ne soient pas d'une sociabilité impossible.

A ce point de vue, par exemple, le Kroumir,

l'Arabe de la Tunisie sont d'une fréquentation plus difficile que le Hova, et jamais nous ne conseillerons à l'une de nos compatriotes — sans faire entrer en compte les rigueurs du climat — de s'en aller tenter la fortune au pays des Danahilo ou même sur les terres de S. M. l'Empereur Menelick.

Si vous le voulez bien, nous allons donc de concert rendre visite à ces Français d'hier, et nous tâcherons de vivre en leur intimité.

Et tout d'abord n'écorchons pas leur nom, ne disons pas Hovas, mais Houves; encore est-il que si nous désignons aujourd'hui sous cette dénomination générique tous les naturels de l'Imerne (d'autres disent Imerina), elle n'indiquait autrefois qu'une catégorie du peuple — les bourgeois. Il y avait les *andriana* ou nobles; les *hovas* ou bourgeois, et les *andevo* ou esclaves.

Ces trois ordres se subdivisaient eux-mêmes en diverses castes.

Les andrianes se prétendent tous d'origine royale, et à ce titre se donnent généreusement entre eux le titre de cousin.

Ils sont les descendants plus ou moins
authentiques des anciens seigneurs et conqué-
rants du pays, et, pour cette raison, mépri-
saient beaucoup la royauté disparue sous le
proconsulat du général Gallieni.

La dernière reine était à leurs yeux une par-
venue. C'était une houve pur sang, une bonne
bourgeoise établie sur le trône ; quelque chose,
a-t-on dit, comme un Louis-Philippe en jupon.

Les Houves proprement dits forment la classe
la plus riche et la plus puissante. Ce sont eux
les propriétaires du sol ; ce sont eux aussi qu
ont le plus souffert de notre conquête.

Les esclaves n'existent plus aujourd'hui, au
moins en droit, car, en fait, la situation n'a
guère changé.

Cela est fort heureux, ajouterons-nous, dus-
sions-nous faire protester tous ceux qui se
paient plus de mots que de faits.

Tout d'abord, bien avant que nous venions
proclamer à Madagascar les principes de 48,
l'esclavage, dans son sens vraiment abominable, n'existait plus.

En 1870, le gouvernement hova avait inter-

dit le trafic des négriers avec les côtes. Il défen-
dit vers la même époque le partage d'une
famille entre plusieurs propriétaires, la séparation de l'enfant d'avec sa mère. Il rendait aux
esclaves une patrie et un foyer, en ne permettant pas que les serfs d'une province passas-
sent sur une autre province.

Enfin surtout il ne permit à personne de se
faire marchand d'esclaves, ou pour employer
un mot plus exact « commissionnaire en esclaves ». La traite était ainsi proscrite.

Sous le couvert de « protection du commerce », c'est nous qui aujourd'hui sur d'autres
points du globe, notamment au Tonkin, nous
livrons à l'abominable commerce de la chair
humaine, c'est notre patrie qui envoie de
véritables recruteurs d'esclaves ici, et là, sous
le prétexte d'assurer la main d'œuvre agricole
qui manque à telle colonie et qui décore de la
Légion d'honneur les honorables commerçants
de Marseille où de Bordeaux qui font ce trafic.
Mais passons.

En guise de Légion d'honneur, le gouvernement malgache accordait à ceux qui recru-

taient ainsi ce que nous appelons aujourd'hui
« main-d'œuvre agricole coloniale » des amen-
des considérables, la mise au fer et la nullité
de plano de ces contrats.

Néanmoins, comme le mot esclave existait
encore dans la langue des vaincus, il a fallu
que nous proclamions à la face du monde, qui
jusqu'ici ne s'était guère voilé de ce qui se
passait avant nous, « tous les habitants de
Madagascar sont libres ».

Chose curieuse, après que nous eûmes fait
cette sonore déclaration, aucun Malgache, ou
presque aucun, ne profita de cette liberté si
généreusement octroyée ; tous restèrent où ils
étaient. Les quelques « serfs » qui quittèrent
leurs maîtres s'en repentirent bientôt amère-
ment, car le « prolétariat libre » à Madagascar
n'est considéré par les autorités judiciaires
françaises elles-mêmes que comme un vaga-
bondage de nature particulière, qui mène rapidement son homme en prison.

L'histoire de la libération des esclaves à
Madagascar vaut la peine d'être contée ; nous
en emprunterons quelques détails au livre si

intéressant que Jean Carol a écrit sur « le Pays
Rouge », comme il l'intitule.

Un peu avant son départ, M. Laroche, résident général, décréta officiellement l'abolition
de l'esclavage dans la grande île.

Arrivée du général Gallieni à Tananarive.
« Eh quoi, dit-il à celui qu'il venait remplacer,
vous avez pris une telle mesure, mais vous
allez révolutionner le pays.

(1) « L'abolition brusque peut avoir des con-
séquences fâcheuses au point de vue de la
sécurité que j'ai pour mission de rétablir et je
voudrais que les responsabilités fussent bien
établies. Aussi, pour être à couvert vis-à-vis du
ministre, vous prierais-je de bien vouloir me
donner connaissance des instructions que vous
avez reçues. »

« M. Laroche. — Voici le câblogramme daté
du 14 septembre que le ministre m'a adressé :
« Exécutez immédiatement décision esclavage
adoptée par commission locale. »

(1) Cette partie de notre récit est *textuellement* empruntée
au procès-verbal de la séance du Conseil d'administration
du 28 septembre 1896.

« Le général Gallieni. — C'est catégorique.
En somme, les responsabilités de la mesure
remontent au ministre. »

Les instructions ministérielles couvraient
M. M. Laroche, mais il paraît qu'elles ne
devaient être prises que comme une sorte de
trompe-l'œil destiné seulement à donner satis-
faction à l'opinion publique simpliste de France
et non pas à être exécutées à Madagascar.

C'était sans doute la vérité, car à peine eut-
il pris le pouvoir que le général Gallieni fit
adresser la circulaire suivante en langue malgache à tous les gouverneurs généraux indigènes.

« Vous avez reçu le *Journal officiel*, vous avez
vu l'arrêté proclamant l'émancipation des esclaves et vous avez fait aussi afficher l'arrêté sous
forme de placard. Cela doit surprendre le
peuple. Convoquez-le donc en réunion publique pour l'engager à ne pas s'émouvoir à pro-
pos de rien. Car il s'abuse sur le sens de cette
décision, *simple formule verbale en usage chez
les Européens, mais n'ayant à Madagascar
aucune portée. En réalité, les esclaves n'ont*

pas à bouger de chez leurs maîtres : il n'y a rien de changé dans nos lois. »

Cette circulaire est du 29 septembre 1896.

Ici encore le général Gallieni, qui est un de nos plus remarquables organisateurs, dut céder à la pression qu'exerça sur lui le secrétariat général du Ministère des Colonies.

L'on sait du reste, malgré les démentis officiels, que le général Gallieni, rappelé en France après un plein succès, est profondément écœuré des procédés employés par l'Administration centrale du Ministère.

II

**Le rôle de la femme indigène à Madagascar.
— Mœurs singulières. — Une immoralité
morale. — Le climat de l'Imerne. — Tananarive. — Le prix d'un appartement. — Un
voyage en Filanzana.**

Une des caractéristiques de cette race curieuse des Hovas est la place capitale que la
femme joue dans son organisation politique et
sociale.

C'est ce respect pour la femme qui différencie
si avantageusement ce peuple des agglomérations humaines où nos sœurs sont traitées en
parias ou comme les servantes naturelles de
l'homme.

C'est du reste ce qui permet à la femme européenne de pouvoir jouer un rôle prépondé-
rant dans le pays et d'y exercer une influence

qui ne peut être que très favorable à notre domination.

L'égalité entre les deux sexes y est en quelque sorte absolue.

Cette égalité a pour conséquence d'autoriser la jeune fille à disposer d'elle-même dès qu'elle est devenue nubile, tout comme chez nous un jeune homme de dix-huit à vingt ans « jette sa gourme » sans que ses parents le jugent déshonoré comme ils jugeraient leur fille si cette dernière en faisait autant.

Cette liberté s'allie du reste à merveille avec les idées morales des Hovas. A leurs yeux, l'inconduite la plus dévergondée n'entraîne pas pour une femme une déchéance quelconque : ils estiment davantage la mère de famille qui vit tranquillement avec son mari au milieu de ses enfants, mais ne traitent pas l'autre avec mépris.

La femme stérile est la seule qu'ils poursuivent de leurs sarcasmes ; la seule qu'ils mettent en quelque sorte au ban de leur société. Ils considèrent la stérilité comme une déchéance physique.

Cette dernière considération a pour résultat

que la « vieille fille », comme nous disons chez nous, n'existe pas chez eux, et qu'ils ont établi avant le mariage définitif une sorte de mariage à l'essai.

Une heureuse union ne saurait être sans enfant. Quand l'enfant naît, c'est une grande joie, une grande fête.

Voici la formule charmante que le père emploie pour annoncer à ses amis l'heureux événement : « Ma femme est ressuscitée, » l'opération de la délivrance étant considérée comme une lutte entre la vie et la mort.

Dans ces conditions, la question d'avoir une postérité étant primordiale, le jeune homme qui désire une jeune fille en mariage commence par nouer avec elle des relations intimes, par vivre ensemble, et s'il a d'elle des enfants, il l'épouse.

Il n'est pas rare de voir un fiancé conduire publiquement à l'autel sa future épouse dans un état de grossesse avancée. Personne ne s'en étonne. La jeune femme se fait honneur au contraire de son état : la maternité est, en Imerne, une gloire.

Le Hova n'attache donc aucune importance à
ce qu'a pu faire sa femme avant qu'il l'ait prise
pour compagne, même à titre d'essai. Là-bas,
la jalousie rétrospective est un sentiment
inconnu et qui serait profondément ridicule.

Toutefois, quand l'union légale a été consom-
mée, que la famille a été régulièrement fondée,
la femme n'a plus le droit de disposer libre-
ment d'elle-même. Elle appartient au foyer conjugal. La loi punit très sévèrement l'adultère ;
plus gravement chez l'homme que chez la
femme. — Dans un seul cas, cependant, la
peine de la femme est la plus forte de toutes
pour les fautes de ce genre — les fers à perpétuité — c'est quand celle-ci a trompé son mari
en profitant de ce qu'il était retenu au service
militaire !

Voici comment s'exprime sur le mariage dans
son pays un Hova de marque dont M. Jean
Carol a rapporté les bien curieuses réflexions:

« Le mariage avec sa période d'essai préalable est profondément enracinée dans nos
mœurs, et, j'aime à le croire, n'en disparaîtra
pas de longtemps. Nous ne tenons pas, comme

vous autres Européens, à la virginité; au contraire, elle nous rend inquiets et méfiants. Mais
nous attachons une importance énorme à la
rencontre des qualités qui assurent chez les deux
conjoints une parfaite entente. Il est juste de
s'éprouver avant d'annoncer qu'on désire s'unir
pour longtemps; il est juste de ne pas pro-
longer l'épreuve aussitôt que l'on devine n'être
point faits pour vivre ensemble. Je sais qu'en
France vous condamnez, au nom de la morale
et de la religion, ce noviciat du mariage, mais
nous autres nous nous en trouvons bien. Il est
rare que nous ayons chez nous beaucoup de
couples vivant dans la discorde. »

La femme française arrivant à Madagascar
et s'y installant aura donc à vivre dans un
milieu dont les mœurs étranges auront quelque
chose de fâcheux à son point de vue.

Mais elle réfléchira que toute la sagesse
humaine ne se trouve pas concentrée sur les
bords de la Seine, et qu'il y a peut-être dans
ces habitudes particulières quelque chose de
bon, au moins quelque chose d'adéquat à la
civilisation malgache.

Déjà l'on a dit, erreur en deçà des Pyrénées, vérité au-delà ; peut-être en est-il bien de même pour la morale dont la contingence est sans doute certaine.

Du reste, la Française trouvera dans les villes — malgré la disparition de la royauté — les vestiges de la vie mondaine qu'avait partout encouragée la Cour.

Il y a d'élégantes Malgaches qui forment une excellente clientèle pour les couturières françaises. Elles adorent la toilette, les mille colifichets de la coquetterie, et elles arborent triomphalement des costumes presque aussi rouges que ceux qu'il est de mode — sinon de bon goût — de porter aujourd'hui à Paris.

Tananarive est la grande ville de Madagascar. L'accroissement progressif de la population européenne (environ sept cents personnes en deux ans) en a fait le centre de la vie.

Située sur le plateau central de l'Imerne, elle offre un climat en somme salubre, si l'on y observe les règles d'une conduite dite « bourgeoise » : ne pas se coucher trop tard, ne pas aller trop au bal — car on va au bal à Tananarive — vivre, en un mot, aussi simplement que possible, tel est le secret de la santé. Si nous parlions à des messieurs, nous ajouterions : ne pas trop boire !

Il ne faudrait pas s'imaginer que l'on trouvera un logement à bon marché. Comme dans les villes du Tonkin, le prix des loyers est très élevé. Un appartement de 5 pièces coûte pour le moins soixante francs par mois.

Si l'on veut se faire construire une maison sans dépenser trop d'argent, elle doit consister au rez-de-chaussée en une seule pièce, dans la largeur ; en un premier ; le tout recouvert d'un toit pointu pour éviter les infiltrations.

Les fondations et les soubassements sont établis en moellons ; les murs, les encadrements de fenêtres en briques. La toiture en jonc fixé sur des bambous repose sur une charpente en bois composée de chevrons et de solives.

Le mètre construit ainsi revient à 30 francs, à 35 francs si l'on fait poser des planches ; à 45 francs si la toiture est de tuiles.

Dans ces conditions, une petite maison de 5 pièces et de 50 mètres carrés figure au budget

6

du colon pour 1800 fr. environ. Mais il faut l'orner à l'intérieur; il faut y poser des boiseries; mettre des verres à vitres sur les fenêtres; du papier sur les murs; des meubles dans les pièces. Cela augmente pas mal cette somme, mais ici il faut compter avec le goût de chaque personne pour établir un devis.

Le plus difficile pour une femme sera de gagner Tananarive.

Si le voyage est pittoresque à cause du pays fort curieux à traverser, bien plus pittoresque encore est le moyen de transport employé.

On fait le voyage à dos d'hommes, dans des chaises à porteurs qu'on nomme filanzana. Il faut huit jours pour aller de la côte à Tananarive; la route de Tamatave à cette dernière ville, qui est la seule suivie, mesure 320 kilomètres et est en grande partie carrossable. Il faut huit porteurs par personne et chaque porteur reçoit une rétribution de 40 francs. Le voyage revient donc assez cher. Mais vous imaginez-vous ce que peut être un tel trajet: on couche ici et là, souvent à la belle étoile, ce qui est fort joli quand étoile il y a, mais fort pénible quand le ciel tout noir verse à flots ses cataractes !

Pour aller à Madagascar, il faut donc être une intrépide voyageuse et une capitaliste, sinon importante, du moins sérieuse.

Mais ceci dit, on y peut réaliser, dans le commerce, l'industrie ou l'agriculture, de beaux bénéfices.

III

Les villes de Madagascar. — Le climat. — Les articles d'importation. — L'exportation. — Les pierres précieuses. — Les produits du sol. — L'avenir de la Française dans la colonie.

Madagascar est, semble-t-il, les dernières terres restant d'un vaste continent aujourd'hui disparu. Sa superficie d'environ 600.000 kilomètres carrés correspond à peu près à celle de la France et de la Belgique réunies. Elle est séparée de l'Afrique par le canal de Mozambique, dont la largeur atteint 400 kilomètres: elle est bornée à l'Est par la mer des Indes.

On peut diviser l'île en deux régions distinctes : les plateaux et les côtes. Les premiers étant parfaitement sains; les secondes offrent un climat assez pernicieux.

La population de Madagascar compte environ six millions d'habitants indigènes.

Tananarive, dont nous avons déjà parlé dans le précédent chapitre, est situé à 1.200 mètres d'altitude et comprend près de cent mille habitants. Les localités principales sont Tamatave avec 12. 000 âmes, Majunga, Vohemar, Mahanoro, etc., qui sont des agglomérations de 6 à 8 mille individus.

Le climat varie sensiblement d'un bout du pays à l'autre.

Sur le littoral la température est élevée. Dans les terres hautes, on rencontre un climat modéré qui se rapproche de celui du midi de la France. C'est dans cette région qu'il faut s'établir de préférence.

D'octobre en mai, la saison est pluvieuse et chaude. Le reste de l'année on jouit d'un temps frais et sec grâce auquel on se remet aisément des fatigues éprouvées les mois précédents.

Du reste, voici, d'après les observations les plus récentes, un tableau qui peut donner quelques renseignements à cet égard.

Côte occidentale. — Température observée à

Majunga. Maximum en novembre 33°; minimum en juillet 21°.

Côte orientale. — Saison des pluies de décembre en avril. En février, le thermomètre oscille entre + 23 et + 34°, mois le plus chaud.

Saison sèche de mars à décembre. En juillet, mois le plus froid, on note de + 18 à + 27°.

Région centrale. — Saison des pluies d'octobre à mars de + 18 à + 30°.

Saison sèche d'avril à fin septembre, de + 8° à + 17°.

Pendant la saison des pluies on a noté environ 80 jours d'orage à Tananarive. C'est l'époque des orages effrayants qui dévastent ces régions et font même de nombreuses victimes parmi les hommes. Les pluies sont alors torrentielles et en moins de quelques instants délaient en une boue rouge et gluante les terres qu'elles ravinent profondément.

Sans parler encore des exploitations purement agricoles qu'une femme pourrait diriger dans le pays, une personne ayant quelques capitaux pour monter un magasin ou un dépôt pourrait avec un certain succès s'occuper de

vendre aux indigènes des cotonnades impri-
mées, des flanelles et des draps légers.

Comme les Houves et surtout leurs compa-
gnes raffolent de parures, de vêtements aux
couleurs chatoyantes, de bibelots « dits articles de Paris », il y a un débouché important
dans le pays pour la bijouterie en imitation ;
pour tous ces joyaux en clinquant ornés de
mirifiques diamants où le soleil se joue comme
sur du « vrai » ; pour les verroteries, les boîtes
à musique, les montres à bon marché.

Qui le croit, la parfumerie a un succès pro-
digieux parmi les élégantes négresses. Les parfums violents et capiteux enchantent les odo-
rats malgaches, aussi bien celui de l'homme
que celui de la femme.

Les objets de menue mercerie : aiguilles,
boutons, fil, soie à l'écheveau, etc., sont très
demandés.

De même les formes de chapeau en feutre ;
les confections pour dames : les cravates ; il ne
faudrait pas penser que les dames Houves, au
moins dans les villes, vont par les rues vêtues
d'un pagne rudimentaire.

Pour quelques milliers de misérables qui forment le bas peuple et qui vont n'ayant presque pour vêtement que le « sentiment de leur innocence », les « ladies » de Tananarive ou de Tamatave sont habillées à l'européenne.

La pauvre reine que nous avons envoyée en exil à Madagascar avait une collection de robes et de manteaux plus magnifiques les uns que les autres, et qu'avaient confectionnés pour elle les plus grandes maisons de Paris.

Même durant le long calvaire qu'elle descendit de Tananarive à la côte quand on l'eut chassée de la ville où elle avait régné, elle s'inquiéta davantage des caisses que l'on emportait à sa suite, et qui contenaient ses toilettes, que du trône qu'elle perdait.

Les divers objets d'ameublement sont également recherchés, notamment tout ce qui concerne la décoration intérieure, les rideaux, les soieries brochées ou brodées; les appareils d'éclairage, les lampes, etc.

Mais tout ceci, c'est de l'importation. Nous profitons des besoins d'une clientèle tout nouvellement venue à la civilisation et ayant par

conséquent des désirs que seule l'industrie
d'une nation civilisée peut satisfaire pour écou-
ler nos produits.

L'exportation, c'est-à-dire, dans l'espèce, la
vente sur le marché européen ou américain
des fruits du sol et du travail malgache, est
bien autrement rémunératrice.

L'on assure déjà que Madagascar possède
des ressources merveilleuses enfouies dans
son sol sous forme de charbon, de minerai de
fer, de chaux, d'argile; il y aurait aussi de l'or;
et l'on récolte dans certaine partie du territoire
des pierres précieuses.

Voici de belles tourmalines, noires et opa-
ques; voici le grenats d'Ankaratra; des rubis,
des saphirs, des améthystes, de quoi faire
tourner la tête à bien des femmes.

Conseillerons-nous cependant de les aller
chercher si loin? Ce serait une mauvaise plai-
santerie. Ici vraiment le métier est au-dessus
de nos forces et les... bijoutiers de la rue de
la Paix ou du Palais-Royal sont vraiment plus
près de nous.

On rencontre également à Madagascar un

beau et clair cristal de roche que l'on vend sur
la place à raison de 2 francs le kilogramme.

L'élevage des bestiaux commence à se pra-
tiquer en grand et est assez rémunérateur.

En ce qui concerne les productions végétales,
on est assuré de pouvoir cultiver les plantes
les plus diverses ; les différents climats de l'île
permettant de faire, suivant les endroits, de
la culture coloniale proprement dite, et de la
culture telle qu'on la pratique dans les pays
tempérés.

L'on peut donc obtenir depuis le café, le
coton, la vanille, jusqu'au blé, la pomme de
terre, et même le raisin.

Du reste l'importation de la vigne à Madagascar paraît très ancienne. Ces dernières années, un colon a introduit dans le pays des
plants américains qui ont réussi mieux que nul
autre. Il a pu fabriquer avec les raisins récol-
tés un vin d'assez bonne qualité.

La vie matérielle à Madagascar est médio-
crement coûteuse; les frais les plus lourds
sont ceux relatifs à la location de l'appartement
ou à la construction d'une maison.

La viande de bœuf est bon marché. A Tananarive, on paye couramment un poulet sept sous ; une oie grasse quinze sous ; un canard 1 fr. 60 et un dindon 1 fr. 50. Les légumes sont d'un prix très minime. Enfin on trouve à Tamatave et sur les côtes un miel excellent.

Ce miel a fait l'objet de transactions importantes entre la France et Madagascar sur les bases suivantes : 200 à 250 fr. les 100 kilogrammes pris au port ; 350 fr. les 100 kilos rendus en France.

Les denrées qui coûtent cher sont celles qui viennent de France ; le vin importé, les conserves, les liqueurs.

Bien que déjà un certain nombre de Françaises — sans compter les femmes de fonctionnaires — se soient rendues à Madagascar et n'aient eu qu'à se louer de leur voyage, nous ne croyons pas que le moment soit encore venu où il faudra engager nos compatriotes à y aller dépenser leurs capitaux.

Madagascar est moins loin de la France que le Tonkin, mais il est beaucoup plus difficile de se rendre à Tananarive qu'à Hanoï, à cause de la grande route terrestre ; enfin les villes n'offrent pas encore les ressources que possèdent les grandes agglomérations urbaines de l'Indo-Chine comme Saïgon, Honoï et Haïphong.

Si cependant quelque jeune femme désireuse d'aller s'établir à Madagascar s'y rendait et qu'elle fût munie d'une dose suffisante d'abnégation et de patience; qu'enfin elle pût disposer de quelque argent, elle trouverait là-bas un champ fort riche à mettre en valeur.

La vie intellectuelle est des plus médiocres et si, avant de partir de France, l'on n'a pas pris la précaution de s'abonner à des journaux et à des revues, si l'on n'a pas prié un libraire de vous adresser les livres qui paraissent, on reste sans lecture aucune, et cela est des plus pénibles.

Il ne faudrait pas croire que la coquetterie abdique tous ses droits dans la brousse. Nous nous rappelons à une escale, une toute petite escale dans un pays où il y avait peut-être en tout quatre Françaises, leur arrivée au paquebot.

C'était un luxe de toilettes qui nous surprit

d'abord un peu, puis qui nous fit plaisir à toutes et à tous.

C'est le charme de la Française de rester coquette et toujours désireuse de plaire dans quelque situation où le sort l'ait placée.

FIN

TABLE

Poitiers, Imp. Blais et Roy, 7, rue Victor-Hugo.

www.ingramcontent.com/pod-product-compliance
Lightning Source LLC
Chambersburg PA
CBHW052127090426
42741CB00009B/1985